Ensayos

Poéticos

Juancarlos Fabian

1stBooks - rev. 8/13/03

Prólogo

Juancarlos Fabian es un nombre nuevo para
la poesía Española.
Sus poemas son un tanto diferentes a los que nos han brindado
algunos poetas conocidos.
Juancarlos escribe con una sencillez extraordinaria,
humilde a veces, pero arrogante, franca y dinámica en otras
ocasiones.
Y es que sus versos son sentimientos, son opiniones, críticas
y pensamientos, fruto de sus propias experiencias y traducidos
al verso con increíble honestidad.
Algunos de sus poemas han sido criticados de triviales,
como otros han sido tildados de licenciosos y hasta
irreverentes,
pero lo cierto es que todos han sido escritos
con una sencillez y una franqueza poco habituales.
Se han logrado recopilar algunos de sus poemas, mismos que
permanecían inéditos, muchos escritos años atrás,
jóvenes los otros, para entregar en esta obra
al criterio e indulgencia del lector, un manojo de sus
ensayos poéticos,
escritos con el mero adorno de una sencillez sin ensayos.

Lleva esta obra,
en cada una de sus páginas,
el venerable tributo
a la memoria de quien la inspiró
pero jamás logró verla realizada...

Para Olguita

con todo mi gran cariño.

(Manuscrito original fechado en Nueva York, Junio 24, 1966)

Mi Vieja Ciudad

Te recuerdo gallarda, orgullosa,
con tus tejados rojos,
tus joyas coloniales,
con tus cerros que guardan leales,
postrados de hinojos,
tu altivez de metropoli hermosa.
Y tus formas modernas
que contrastan pasivas
con reliquias que otrora escucharon
romeos que cantaron
en su reja a la hembra querida
sus mejores poemas.
Y recuerdo tus noches de frio
pero alegres, festivas,
que celaban mis citas
con alguna muchacha bonita
y escuchaban mis cuitas;
el ambiente fiestero,
pero afable y ufano,
el calor del hogar cariñoso,
hogar noble y hermoso,
hoy me enseñan al verlos lejanos
lo mucho que te quiero.
Aunque en veces odiarte he querido
con devoción extraña
y no añorarte tanto,
porque veo que tu cruel camposanto
se lleva a sus entrañas
uno a uno mis seres queridos.

Qué Lindos son tus Ojos

Qué lindos son tus ojos, cómo miran,
cómo miran de raro y de bonito,
han mirado los míos, me han rendido,
me he dejado creer de su guiñito.

Qué lindas tus ojeras tan profundas
y tus pestañas crespas y brillantes,
un conjunto de mágicas beldades
son tus ojos divinos e incitantes.

Qué lindos son tus ojos, cómo lloran
y cómo hacen llorar también los míos,
y qué dulces las lágrimas que brotan
cuando "Te quiero..." dices a mi oído.

Yo sé que nunca miran, ni han mirado
mi corazón que te ama ciegamente...
qué lindos son tus ojos, cómo miran,
qué lindos son tus ojos, cómo mienten!

Esta Noche

Vivamos la noche con fiera locura,
deja que mi cuerpo se impregne de ti,
yo sé que esta noche soy una aventura
y que ya mañana te olvidas de mí.

Yo sé que esta noche tu cuerpo me adora
y que de tus fuentes la miel beberé,
la noche nos junta y en la prima aurora
sin que tú lo notes yo me alejaré.

Vivamos la noche, rinde tu hermosura,
dáme de tu cuerpo la dulce tibieza,
deja que te bese y besame a mí,

hoy en tu camino soy una aventura,
yo sé que esta noche te entregas travieza
y que ya mañana me borras de ti.

Limpiabotas

Dále trapo limpiabotas, dále trapo
pues el pan para tus hijos te depende del zapato;
quién lo cree? Mas el destino
no se para a reflexiones y en tu oficio eres artista,
dále trapo!

Qué no pienso?...Qué no cruza por mi mente
cuando llego hasta tu puesto y te pones exigente
y te sientas frente al "piano"...?
Yo te envidio, por el brillo de tus ojos y el sudor que corre alegre
por tu frente.

Y te ries y conversas ese rato,
la ansiedad cunde tus manos y eres feliz dando trapo.
Ah tu vida!...Yo te admiro
porque luchas sin descanso hasta reflejar tu cara
en la punta del zapato.

La Cometa

Quién fuera como tú que alla en los cielos
no sabes de pesares ni dolores,
y de las nubes entre blancos velos
serpenteas con tu cola de colores.
Quisiera yo enredar en tus milanos
uno a uno los errores de mi vida,
y que esas mismas inocentes manos
que te conducen rápida y altiva,
tambien lanzaran al azul profundo
el odio, la venganza, el egoismo,
toda esa lepra que corroe al mundo
e intenta terminar conmigo mismo.

Qué me Importa

Qué me importa lo agreste de los cielos
o la naturaleza verde y pura,
qué me importan del sol los claros velos
si no tengo el dulzor de tu hermosura.

Qué me importan las noches estrelladas
o de la luna su luz y su grandeza,
qué me importan de ninfas mil tonadas
si no tengo el calor de tu belleza.

No me importan los dulces manantiales
que lloran de alegría, dulcemente,
ni los felices días primaverales
ni de las aves el volar ardiente.

Nada me importa el sollozar de un niño
ni la penosa queja de un anciano,
no me importan la seda ni el armiño
si no tengo la caricia de tus manos.

Sólo me importas tú y tus miradas
y tus encantos vírgenes, ilesos,
el calor de tus formas nacaradas
rendidas a la angustia de mis besos.

Muchachita

Si fueras la luna llena
mi preciosa muchachita,
yo sería ese lucero
que a tu lado vá, ligero
para verte de cerquita.
Y si el cielo azul tú fueras
adorada princesita,
un ave quisiera ser
para poderme perder
en tu belleza infinita.
Si tu boca fuera el mar,
yo quisiera estar a solas
en la inmensidad divina
de tu boca purpurina
y luego ahogarme en sus olas.
Si fueras el sol radiante,
cariñosa noviecita,
yo quisiera ser el mar
para poder reflejar
en mis aguas tu carita.
Mas, como eres, eres linda
mi preciosa muchachita,
eres el ser que venero
eres la mujer que quiero,
eres mi amante bonita.

Mocari

Oscuro caserío que emerges perezoso
bañado por las aguas de un mugriento río,
tan triste que estas siempre, tan quieto y silencioso,
brotó furiosa anoche la fiesta en el bajío.

Loado por tambores que herían tus entrañas
con cantos que eran quejas de amor y libertad,
entre la fiesta negra, pagana, cruel, extraña,
adiviné su cuerpo temblando de ansiedad.

Fué sólo una mirada que enardeció mis venas,
nos entregamos ebrios al ritmo misterioso
y luego entre las sombras buscamos un altar,

los cueros continuaban contandonos sus penas
con un ritmo insinuante, alegre, cadencioso
y el éxtasis moreno crecía sin cesar.

Vanidad

Yo sé que tú me quieres locamente
y que tu boca sólo ha sido mía,
que yo soy tu tristeza y tu alegría,
que a todas horas paso por tu mente.

Que nunca has olvidado el primer beso
ni mis caricias llenas de ternura,
las tardes embriagadas de locura
cuando en tus brazos me tomabas preso.

Y siempre que tú pasas por mi lado
y me encuentras altivo y orgulloso,
yo sé bien que recuerdas cuán hermoso
es el nuevo placer que te he enseñado.

Mas no puedo extrañarte ni quererte
y es ésa la verdad aunque te hiera,
cubre tu desnudez, no quiero verte,
mi vanidad no deja que te quiera.

Mi Forma de ser Tuyo

Qué importa que no me quieras
si te adoro con delirio,
qué importa si no me vieras
llorando tu amor, qué importa
si tu amor es mi martirio.
Qué importa que no respondas
al grito de mis entrañas,
que a mis miradas te escondas,
qué importa, si yo te quiero
con fuerzas brutas, extrañas,
con fuerzas que tal parecen
a mi voluntad ajenas,
con fuerzas que me enceguecen
y que excitan lo tranquilo
de la sangre de mis venas.
Qué importa no ser tu amado
si me he saciado en tus pechos
y mis besos te han violado
en mis noches, cuando sueño
que te metes en mi lecho.

Arco Iris

Hay tardes como ésta,
de un profundo gris tristeza
en que acude a mi mente lenta, fría,
cojeando en su torpeza,
tímida y desganada mi musa Poesía.
Y llegan tu recuerdo y sus canciones
en el azul carruaje
de cielos y distancias,
y en un divino verde de esperanzas
quieren bordar su pálido ropaje
mis caras ilusiones.
Mas, siento que te alejas
quizás huyendo de mis penas
y bulle en tempestades iracundas
el rojo de mis venas
y siento ahogarme en mares de lágrimas profundas.
Tallado, un verso rosa en hermosura,
mi pusa Poesía
entonces quiere hacerte,
pero en mi cruel tristeza halla la muerte,
su voz la opaca negra solombría
de llanto y amargura.

Dime

Dime; cuando al morir las tibias horas
apagase la luz de tus pupilas,
de qué misterio vives y suspiras?
Por qué recuerdo en tu mutismo lloras?

Y dime; al despertar y dar al dia
el mágico candor de tu mirada,
por quién sonries tierna, emocionada
y cantas a los cielos tu alegria?

Contesta, que en mis noches tenebrosas
bajo este cielo extraño se adivina
la inmensa realidad de tu belleza,

te miro en las distancias angustiosas
y añoro tu sonrisa que fascina,
contesta...no te importe mi tristeza.

Invierno

Cariño, tengo frío...
es un frío tenaz que me domina
cuando esa lluvia triste
en tus ojos asoma cristalina
helando este amor mío...
es esa escarcha oscura que congela
palabra por palabra
cuanto a mi oído dices sollozando,
ese miedo de amar que te desvela,
que nos está matando.
Y tus besos, cariño,
fríos también jamás me dicen nada,
tu anémica sonrisa,
tu pálida mirada
están cubiertas siempre
por una nieve triste y enfermiza.
Y en medio de este invierno
entumecida crece mi pasión
en angustiosa espera
porque brote algun día en tu corazón
la eterna primavera.

Un Jardin Sombrio

Al fúnebre pensil de mis anhelos
do la tristeza de sus rosas yertas
semeja mi esperanza y su mutismo,
llegaste cual la flor de mis desvelos
renaciendo ilusiones siempre muertas
en mi mundo de errores y egoísmo.

En mis versos posaste tu alegría;
mis palabras entonces te cantaron
y borraste de aquellos el lamento.
De tu nombre broto una melodía;
mis canciones entonces te nombraron
y placidez tornose mi tormento.

Mi vida en pos de ti vuelve sus ojos
pero tu amor cobarde y tus temores
no quieren responder a su llamado,
ahora en mi jardiin nacen abrojos,
mis versos ya no cantan tus amores,
tu nombre en mis canciones se ha callado.

Deseo

Yo quisiera que en mis brazos impacientes
te ocultaras, como el sol en lontananza,
para poder asirme a tu belleza
con la vehemencia de mi fiel abrazo,
y al percibir tu aliento, tiernamente
al sentir que mis labios ya te alcanzan,
extasiado dejar que mi cabeza
descanse en el calor de tu regazo.

Sugerencias

Sugiero al sol que oculte sus beldades
al fondo del sarcófago infinito
do debieran morir las vanidades
de nuestro mundo pobre y pequeñito.

Y al carnaval del cielo y su comparsa
de estrellas atrevidas y brillantes,
sugiero que termine con su farsa
y sus luces esconda agonizantes.

Es que basta la luz de tus pupilas
en ese inmenso cielo de tus ojos
y basta tu sonrisa y su pureza

y tus miradas dulces y tranquilas
para postrar la humanidad de hinojos
y engalanar al mundo de belleza.

Solo en la Distancia

Hoy mis soledades inmensas y oscuras
muestran la falsia de tu amor de ayer.
Un aliento busco, un haz de ternura
robado al embrujo del atardecer.
Y huyen las gaviotas, como tus promesas,
el sol despectivo se muere en el mar,
tan sólo tu nombre grabado en la arena
me ofrece un instante para recordar.
Pero el mar, celoso se lleva en sus olas
las letras que sólo crei para mi
y otra vez me dejas, se borró tu nombre
como la distancia me borró de ti.

A Caracas

Tan sólo hoy cuando me encuentro lejos
comprendo el esplendor de tu grandeza,
comprendo tu hidalguia y tu nobleza
y hasta el misterio de tus ranchos viejos.

Que tu custodio, El Avila sincero
a cuyos pies emerges orgullosa,
haga eco a mi voz que silenciosa
te quiere confesar cuánto te quiero.

Mi voz que ayer cantara tu alegria
quiere hoy susurrar en lontananza
un canto a tu esplendor, noble Caracas,

confiar a la distancia una armonia
que lleve a tu portal esta romanza
con ritmo de arpa y cuatro y de maracas.

Llueve

Que angustioso es el sonido de las gotas
que golpean el cristal de mi ventana
y después corren vencidas,
qué triste tintineo,
y qué figuras forman tan extrañas
al cristal adheridas.
Es la noche que llora...
lágrimas de las sombras escapadas
y que brotan con furia
y se me antojan penas ignoradas...
qué misterio es la lluvia!
Yo miro a la ventana
desde mi lecho solitario y frio
y me sube la sangre hasta las sienes,
mi angustia te reclama
y lloro con la noche pues no vienes.

Bebito

Cada vez que contemplote extasiado
me parece un escriño tu carita,
y tus ojos vivaces dos gemitas
de un brillo atrevido y delicado.

Y te quedas mirando entretenido
dos lágrimas que corren por mi cara,
te pones serio, parece que escucharas
los ruegos que murmuro conmovido.

Y luego te sonríes, pataleas,
susurras y hasta emanas un quejido
gracioso como tú si lloriqueas,

yo pienso entonces sin dejar de verte,
cómo negar a Dios si tu has nacido
y es divino el milagro de tenerte!

Espumas

De nuestro romance quedan sólo espumas
que en el pensamiento juguetean airosas,
un mar de recuerdos, olas orgullosas
que se van calmando, que se tornan brumas.

De tu llanto triste queda sólo el eco
silencioso, mudo, preso en mi pañuelo,
siento aún tus dedos jugando en mi pelo
mas de tus caricias queda un gusto seco.

De tus besos dulces queda un sabor agrio,
de la ardiente llama la ceniza queda,
de tu piel vehemente un frío de seda
y de mil promesas restan mil agravios.

Las notas brillantes de tu risa loca
que en el pentagrama de perlas preciosas
formaban conciertos de rimas hermosas
loando el ambiente con miel de tu boca,

hoy han escapado, como golondrinas
al flajelo infame y brutal del invierno,
sin ellas mi cielo tornose un infierno
infesto de crueles baladas cetrinas.

Y a ti, que te quise como yo a ninguna
te queda, si acaso, la nobleza mía,
y de mi no queda más que cobardía,
de nuestro romance quedan sólo espumas.

Despedida

Ya llega el momento, yo no quiero penas,
no quiero pesares ni quiero dolores,
quiero que me mires pero no...! No llores
que las despedidas me gustan serenas.

La luz de tus ojos me llevo en los mios
que en ignotas sombras ha de iluminarme,
no llores cariño que vas a besarme
y al sentir tus labios hallarelos frios.

Me llevo tu imágen grabada en la mente
mientras las distancias te brindan la calma
y los horizontes sus alas te tienden

como cisnes blancos, tierna, dulcemente,
diciendo Hasta Pronto cariño del alma,
porque Adios se dicen los que nunca vuelven.

Un Fresco de Piña

El día es caluroso,
la sed me devora,
quema mi garganta...
el aire amoroso
me trae tu memoria
desde la distancia.
Yo no soy poeta,
sólo necesito
un fiel sentimiento,
yo soy cual veleta
que gira al capricho
del ritmo del viento.
Ellos hacen cantos
al mar, a la vida
y al sol luminoso
y bordan mil mantos
de palabras lindas
de acento orgulloso
que yo nunca entiendo.
Cantan a la luna,
van rimando soles
y van escribiendo
canciones de cuna
de tiernos bemoles.

Y penas de amores
presas en las brumas
como estan las olas,
como estan las flores
presas en su pluma,
lírica gayola.
La fábula tornan
en bellos poemas
de extraña tibieza
que después adornan
como crisantemas
la naturaleza.
Yo no necesito
de Musas u Homeros
para a ti cantarte
y, si no es bonito
mi verso, es sincero
y quiere contarte
cómo recordaba
tu olor, tu agridulce
y tu miel de niña,
mientras saboreaba
este fresco dulce
con sabor de piña

La Hermana Inés

Cuando el cielo viste sus galas de tarde
y un rojizo inunda todo el horizonte,
desfilan las monjas allí en el convento
cubiertas de luto sus formas cobardes,
las cabezas bajas, sus caras esconden,
susurran plegarias que se lleva el viento.

Procesión de llanto, de dolor inmenso,
de ignotos placeres, de amores que fueron,
de cuerpos que dieron sus mieles amando
o secos los otros sin jamás un beso;
mucho amaron unas, otras no pudieron,
dan pena las monjas que van desfilando.

Hay una de ellas que mira hacia arriba,
hacia el alto muro cubierto de rosas
que separa al patio del mundo distante,
y brilla en sus ojos su pena escondida
cuando sus pupilas indagan ansiosas
buscando en lo alto del muro a su amante.

El se oculta siempre entre las rosas rojas
y las rosas blancas, cofres de pureza
que las mismas monjas con ira envidiaran,
desde el alto muro entre las verdes hojas
él busca a su amada que llora y que reza,
él se oculta siempre para ver su cara.

Ella es la más jóven y la más bonita,
parece en un grupo de buitres vetustos
un ánade nivea. Su cuerpo es hermoso...
La Hermana Inés pasa, levanta la vista,
divisa a su amado éntre los arbustos
y su vientre terso se agita deseoso.

La Hermana Inés sueña que corre a sus brazos
desnuda de ropas, desnuda de credos
y juega como antes, desnuda en su lecho;
bajo el manto negro que rasga en pedazos
se adivina el cuerpo temblando de anhelos,
sedientos de besos se agitan sus pechos.

Ella que amó tanto, que el pelo albazano
revolvio entregada, ebria de pasiones,
comulgando en besos lúbricos, violentos,
paganas caricias y accesos profanos,
se marcho un buen dia sin más ilusiones
que enterrar su vida alli en el convento.

Y se unio al cortejo de hembras fracasadas,
sin amor, sin besos, lentas, perezosas,
cubiertas de luto, falsas y cobardes,
mientras que su amado la vé de pasada
desde el alto muro cubierto de rosas
cuando el cielo viste sus galas de tarde.

Viene el Día

Huye la sombra...se espanta!
Despiertan los ruiseñores
y comienzan sus amores
con la natura, que canta
sus tonos madrugadores.

Viene el día; al horizonte
el sol asomando está,
canta el gallo a despertar,
por los caminos del monte
los leñadores se van.

Viene el día; por la pradera
acuden los campesinos
mientras el can y el felino
empiezan la pelotera
y se revuelca el cochino.

Se dirigen a ordeñar
las campesinas sonrientes
haciendo brillar sus dientes
al la sonrisa esbozar
felices, lindas y ardientes.

El sol alumbra los prados
y de los ranchos humea,
se vé por toda la aldea
salir, cual cielos alados,
humo por las chimeneas.

Y todo es delicadeza,
el paisaje es imponente
y su marcha el astro ardiente
despacio y alegre empieza
hacia el lejano poniente.

Viene el día; la labranza
comienza en toda la villa,
el labrador la semilla
riega con gran esperanza
bajo el sol que en lo alto brilla.

Es el campesino guapo
que mientras trabaja canta,
surca la tierra y descansa
para tomar un guarapo
que humedece su garganta.

Viene el día; las mujeres
hacia el río van cantando
y a sus aguas van confiando
sus secretos, sus placeres
y se divierten lavando.

Viene el día; mil colores
tiene la naturaleza,
y virginales purezas
y acromanías de flores,
como una vida que empieza

Senectud

Ha cruzado por la calle una ancianita
que dificilmente trata de ambular
en un báculo apoyada,
y he pensado al mirarla, encorvadita,
cuán crueles son los años al pasar
convirtiendonos en nada.

La Gringuita

Alli, en la vieja casona del frente
hay una gringuita
de porte imponente,
con graciosas pecas sobre su carita.
Una catarata de oro desciende
desde su cabeza,
majestuosamente,
y èlla la peina, la mima, la besa.
"Hello!" dijo un dia desde su ventana;
"Hi!" le contesté.
Desde esa mañana
repite el saludo siempre que me vé.
Nunca mas hablamos, pero siempre espera
la llegada mia
abajo, en la acera,
y sólo sonrie con coqueteria
y sube a su cuarto llena de alegria
y vá a su ventana
y al verme en la mia
maliciosamente abre su persiana.
Parece no verme pero se sonrie
y muerde sus labios,
heridos rubies,
y brillan sus ojos cual azules lagos,
suelta sus cabellos, su linda melena
y sigue sonriendo
impúdica y buena
como si escuchara mis sienes latiendo.

Mira de reojo mientras se desnuda,
aprieta sus senos,
mis ojos se inundan
y mi mente forja placeres obscenos.
Las combas del vientre, bronzeadas y hermosas,
cunas de erotismo,
las aprieta ansiosa
en ataques lúbricos de narcisismo
y corre al espejo, regala a su vista
sus formas vehementes
que luego, egoista
cubre con la bata de azul transparente.
...Y yo ni siquiera sé cómo se llama,
y no hemos hablado,
pero en la ventana
la conozco toda, nos hemos amado
de manera absurda, amorfa, cretina...
"Good night" me murmura
con crueldad divina;
yo no le contesto porque queda a oscuras.

Ofrenda

Vuelvo ante ti los ojos, madre mia
y un manojo de lágrimas te ofrezco
desde esta soledad en que perezco
poco a poco, despacio, noche y dia.
Escucha la oración que humildemente
hoy elevo ante el altar de tu memoria
suplicandote que allá desde la gloria
me des tu bendición piadosamente.
Que apartes de las sombras mi destino
y mis errores otra vez perdones,
nuevamente me cubras de oraciones
y que otra vez me enseñes el camino.
Como homenaje mi dolor te rindo
y un rosario de penas yo te entrego,
escucha madre mi angustioso ruego
junto a las pequeñeces que te brindo.
Pues todo cuanto tengo son fracasos
que te ofrezco inclinando la cabeza,
recordando que fué tanta tu nobleza
que esperaste a morir entre mis brazos.

Soneto I

Era misteriosa la luna tan bella
cuando la ofrecíamos a novias incautas,
pero hoy el progreso terminó con ella,
ha sido violada por los astronautas.

Había primaveras de dulces aromas
y había noches claras para enamorados;
hoy sólo hay progreso que nos amontona
entre los pulmones aires infectados.

Había señoritas de pulcra apariencia
que aceptaban flores, si acaso, de un hombre,
hoy muchas aceptan fumar marihuana.

Conquistar mujeres casi era una ciencia
que hoy se limita a preguntar su nombre
quitarle la ropa y echarla en la cama.

Eros

Qué mezquino el amor de las mujeres
que en un segundo de pasión lasciva
dan su miel en orgasmos de abundancia,
y nos dejan hastiados sus placeres
y sus besos nos secan la saliva
y su sexo produce repugnancia.

Poema a unos Ojos

Son tus ojos azules cuando en veces
sonríes orgullosa, alegre, ufana,
como el azul del cielo que embellece
tu tierra Boliviana.

Son lagos de ondas puras, cristalinas,
son el verdor de la naturaleza
que posa, cuando en ellos tu reclinas
recónditas tristezas

Y luego, opacos grises van tornando
como mármol de tumba, fríamente,
porque ellos saben cuando estas mirando
indiferentemente.

Violentos son tus ojos tan hermosos
como divinos son ebrios de calma,
mas, son acaso, siempre misteriosos,
espejos de tu alma?

Diles que te Quiero

Yo sé que a ti te han contado,
sólo por hacerte daño,
que a mi con otras me han visto,
y tal vez te hayan jurado
que te miento, que te engaño,
que a quererte me resisto.
Y mil voces te aconsejan
que me dejes, me reproches,
que no merezco tu anhelo
y tus besos no me dejan
aunque en veces en tus noches
quizá dudes de mi celo.
Si ellos te cuentan mi vida
diles que te la he contado;
si te dicen que te miento
diles tan sólo, querida,
que nadie nunca te ha amado
con la pasión que yo siento.
No te importe que otras bocas
se hayan posado en la mia
con sus besos insabores
y con sus mieles tan pocas,
si en ninguna hay la alegria
ni el sabor ni los calores
ni ese manantial de miel
que hay en tus labios ardientes.

No te importe que otros brazos
me estrechen contra su piel.
yo soy feliz solamente
si me ahogan tus abrazos.
Que si miro algunos ojos
es tan sólo que pretendo
encontrar la tibia calma
de tus ojitos graciosos
y así seguirte queriendo
con las fuerzas de mi alma.
Si te dicen que es mentira
que te quiero con locura,
diles que siempre te he amado,
que una parte de mi vida
tuya toda, es la más pura...
no les oigas mi pasado.

Las Solteronas

Como sombras de nada que se vislumbran
en sus propias penumbras,
van muriendo de angustia las solteronas,
ecoicas mensajeras de sus ocasos,
de sus crueles fracasos
que disfrazan con ínfulas de matronas.
Vírgenes maldicientes que nuca amaron
y que jamás besaron,
egolatras forzadas por el destino
que mostroles un cúmulo de ilusiones
y de amor y pasiones
para luego burlarse cruel y mezquino.
Son sarcófagos yertos de su tristeza,
do yace su nobleza,
zurrones sin las mieles de una caricia,
golondrinas sin alas, frias, extraviadas,
como aves disecadas
que no sienten el ósculo de la brisa.
Y viven amargadas, tal vez odiando
el tiempo, que pasando
va dejando en sus cuerpos envejecidos
cicatrices de llanto, huellas tediosas,
y maldicen furiosas
los momentos perdidos, los años idos.

Ya no hay sol en sus vidas desorientadas,
sólo angustias calladas,
son jardines resecos, flores hurañas
con la absurda pureza de la azucena,
son altares de pena,
son altares cubiertos de telarañas.
Van sin un horizonte, muriendo en vida,
sus entrañas podridas
y sus formas enjutas, su piel verdona
por la ausencia de besos y de pasiones
y de amor y canciones;
qué tristeza producen las solteronas!

Sabes...?

Sé que sólo soy tu amigo,
no soy tu novio siquiera,
pero algo pasa conmigo
que explicarmelo quisiera;
y es que te vi el otro día
que entre frases y camelos
con un hombre te reías
y, sabes qué?...Sentí celos!

Al Final del Camino

Qué dolor nos sucumbe en la larga jornada
por los negros senderos de la cruel soledad,
cuando no nos esperan ni esperamos por nada,
cuando todo es angustia, cuando nada es verdad.

Hay jardines de espinas por la triste vereda
en silencio regados por la pena y el llanto,
hay desiertos que acogen las heridas que quedan
como acoge a los muertos el soez camposanto.

Hay un sol de esperanza que se muere y se muere
en un cielo pequeño sin belleza, sin luz,
y el camino se alarga y la marcha nos hiere
bajo el peso inhumano de nuestra propia cruz.

Uno a uno hay mil seres que nos brindan amores
y que vamos dejando sin mirar hacia atrás,
como árboles secos sin ramajes, sin flores,
cual residuos ignotos de un romance fugaz.

Hay sonrisas opacas, hay miradas sin alma,
hay labios insabores con ganas de morir,
no encontramos ese alguien que nos brinde la calma
y es muy largo entretanto el camino a seguir.

Y cansados sentimos que la fé desfallece
y que paso tras paso agoniza el destino,
se agiganta la angustia, la ilusión oscurece
cuando nadie tenemos al final del camino.

Cubanita

Hay en tus labios el candor meloso
de los cañaverales de tu tierra,
en tu aliento la brisa perfumada
de sus playas, sus mares y sus sierras.

Es tu figura un himno cadencioso
como los ritmos de tu Cuba bella,
tu porte es la bandera engalanada
con la gloriosa solitaria estrella.

Mas no logras ocultar en tu mirada
lo que tus ojos con horror vivieron
en tu patria que libre fuera un día,

hay tristeza donde hubo una tonada
y sangre donde rosas florecieron,
lágrimas que sepultaron la alegría.

Nada Queda

Cómo pasan los años por mi vida sin nada,
ayer mismo reía,
ayer mismo mi vieja lloraba
de emoción infinita, de profunda alegría
cuando yo le cantaba,
y sus bellos ojazos brillaban
inundados de dicha y sus labios temblaban
esbozando sonrisas,
devorando graciosos las lágrimas
que corrían de prisa.
Ayer mismo besaba sus canas
y tomaba sus manos con filial regocijo
mientras le cantaba
con mi voz de baritono de niño prodigio.
Y mi padre del piano arrancaba
dulces armonías
que enmarcaban mis versos que feliz recitaba
a la vieja mía,
con su cabecita como salpicada
por copitos de nieve de seda,
y ella se reía,
me cubría de besos y luego lloraba.
Cómo pasan los años...hoy ya nada me queda;
ya sus bellos ojazos
se han podrido profundo en la greda,
hay tan sólo rescoldo del calor de sus brazos
y la cruz de sus manos
que colmome de mil bendiciones,
destruyeronla ha tiempo los malditos gusanos
y la hicieron terrones.

Cómo pasan los años...hoy ya todo ha cambiado.
He alcanzado la gloria
y entre el lodo también he rodado,
he reído al cansancio en ataques de euforia
pero a solas también he llorado,
y entre dulces placeres
y dolores que me han amargado,
generosos ciclones de sabor y abundancia
y tormentas, a veces,
de una casi pobreza,
los recuerdos intactos se agazapan burlones
y batallan mis ansias
que una a una débiles perecen
abatidas por esa tristeza
que dan los recuerdos a mis ilusiones
que también se mueren...porque tengo todo...y nada me queda,
ya sus bellos ojazos
se han podrido profundo en la greda,
hay tan sólo rescoldo del calor de sus brazos
y la cruz de sus manos
que colmome de mil bendiciones,
destruyeronla ha tiempo los malditos gusanos
y la hicieron terrones...

Soneto II

El fué siempre un payaso de un humor inhumano
que burló mil virtudes y causó gran dolor
y en la pista del centro de este gran circo humano
malabares hacía con promesas de amor.

En su público un día vio una dama sonriente
y la luz de sus ojos a su alma llegó,
él detuvo su acto y la mueca indecente
de su máscara hipócrita con delirio arrancó.

Y entregose a esos ojos sin disfraz el payaso,
el gran circo del mundo y sus farzas dejó
y tornose sincero sin siquiera ensayar,

y fué noble y fué bueno y ese fué su fracaso,
hoy la dama se ha ido pues jamás lo creyó
y el payaso ha aprendido a llorar y a llorar.

En Busca de Olvido

Vas buscando una tumba en funestas distancias
do sepultes mi nombre, mi recuerdo, mi ser.
No puedo detenerte.
Vas buscando ilusiones, vas buscando esperanzas,
quiza un nuevo cariño que puediera nacer.
Vas buscando mi muerte.
Pero hay algo que siempre luchará con tus ansias,
no podrás sepultarlo, vivirá como ayer;
mi derecho a quererte.

Angelita

Dicen que hay en el cielo unas criaturas
con ojos grandes y sonrisas dulces,
simbolos de belleza y de ternura
y dicen que los llaman angelitos;
yo pienso al verme en tu mirar tan puro
será por éso que Angela es tu nombre,
aunque no hay en la tierra, estoy seguro,
ni hay en el cielo seres tan bonitos.

Lamento de un Enfermo

Vidita...
no me gusta estar enfermo...
mis pensamientos batallan
y se burlan, agolpados en el fondo de mi mente,
el dolor se profundiza
y en esta soledad que es un infierno
cada eco de un quejido que se escapa quedamente
mis angustias agudiza.
Miro hacia afuera, hacia el cielo
y te busco entre sus nubes como único aliciente,
pero no puedo moverme
y el mismo cielo parece que se burla friamente,
como se burla la brisa
que atravieza mi ventana para irónica traerme
el susurrar de tu risa.
Y entonces, todos celebran!
Mis pensamientos, la angustia y esta soledad que hiere!
Tu sonrisa, tu recuerdo!
El dolor que crece al paso de la tarde que se muere!
Una orgia desesperante de temores que me aterran!
Cierro los ojos con miedo y te ven entre la sombra,
y te ven aunque no quieren...
Alli tus ojos brillantes
se dibujan como soles, de mi mente entre las sombras,
cual si fueran a mirarme,
veo tus labios entreabrirse como si fueran a hablarme,
pero aquellos no me miran
y tus labios adorables sólo tiemblan inquietantes
mientras los mios te nombran.

Es tu ausencia, vida mía,
que convierte estas paredes en una cárcel de angustia,
el dolor me inmoviliza,
no puedo ver tu carita, el tiempo parece eterno,
no puedo ver tu sonrisa,
y la tarde va muriendo lenta, triste, fría, mustia...
¡No me gusta estar enfermo!

Versos a la "Niña Pacha"

Si supieras qué triste y qué sola ha quedado
esta casa sin ti,
hasta fria parece, su calor te has llevado
y has dejado un manojo de recuerdos en mi.

Has dejado el perfuma de tu jóven belleza,
ya eres casi mujer!
Y yo aún te recuerdo de chiquilla travieza
cuando sólo pensabas en jugar y comer.

Muchos años pasaron...eres ya una damita
coquetona y sutil.
Hoy al verte de nuevo tan graciosa y bonita
ha aumentado mi orgullo y el cariño por ti

Has dejado tu risa juvenil e inocente
en un eco fugaz,
se la oye aún clara retumbar dulcemente
y te extraño negrita, cada dia más y más.

Y la casa la encuentro triste, sola, vacia,
como todo al revès.
Es quizá que ya espero porque llegue ese dia
en que puedan mis ojos verte en ella otra vez.

Soneto III

A una rosa muy blanca, una rosa muy pura,
una tarde, sediento se acerco un colibrí
y detuvo su vuelo, contemplo la hermosura
de la rosa, radiante bajo un cielo turquí.

Y sus pétalos dulces ella abriole sonriente
en un ósculo tibio él bebio el frenesí,
él la amó con locura y la amó tiernamente
y la rosa sus mieles entrego al colibrí.

Pero vino el otoño que entristece las flores
y el espiritu del ave, vagabundo, viajero,
remontole a otros cielos, a otras flores quizá.

Y su alma, que añora la flor de sus amores,
no abandona rebelde, del rosal el sendero
mas, su flor lo ha dejado...ya su rosa no está.

Fronteras de la Locura

Si pudiera penetrar las entrañas de mi mente...!
Si pudiera destruir esta red que va envolviendo
y estrujando mi cerebro,
esta red que estan tejiendo
mis pensamientos insanos tan desordenadamente.
Si cuando cierro los ojos se disipara esa sombra
que me empuja hacia ese abismo
donde parece que caigo dando tumbos, lentamente,
como flotando, hacia el fondo que no existe o se ahonda meramente
para que quizá yo busque donde llegar, por mi mismo.

Es un viaje tenebroso, como al fondo de la tierra,
donde he visto en mares rojos ahogarse mis propias venas,
cual volcanes que vomitan
sangre humana, sangre ajena
que me envuelve, que me ahoga, que me asfixia, que me encierra,
donde he visto cielos negros con mil nubes de penumbra
y con soles opacados,
donde el aire olor a cobre me revienta los pulmones
y unos buitres asquerosos que revuelan y que gruñen retozones
se devoran uno a uno de mi alma mis pecados.

Y yo tiemblo, estoy despierto mas mis ojos agotados
y mi mente derrotada me transportan al delirio
donde luego me abandonan,
donde sufro este martirio,
donde lucho sin mas armas que mis sentidos cansados,
donde en una alcoba negra me veo a veces rodeado
por los rostros de inocencia
de mujeres que se acercan, me enloquecen con su llanto
y desnudas se me ofrecen y sus lágrimas ahogan mi conciencia
al reconocer sus caras que me producen espanto.

Veo niños en un parque donde no crece la grama,
donde hay árboles vetustos que semejan esqueletos
y que no proyectan sombra.
Es un parque triste, escueto
donde sólo hay una rosa negra, muerta en una rama.
Y los niños, desnutridos, no se ríen, sólo juegan
en columpios que se elevan
empujados por dos manos que parece que flotaran
sin pertenecer a nadie...y los niños, sin facciones en la cara
en el columpio elevado, no regresan...allí quedan.

Se oyen risas como truenos. Claramente oigo a mi padre
que ensordeciendome expulsa estruendosas carcajadas
que me hieren el cerebro.
Oigo una dulce llamada
y aunque nunca oí su voz adivino que es mi madre.
Y sigo y sigo cayendo hacia el abismo sin fondo
entre rostros sin facciones,
entre ecos de sarcasmo que se consumen conmigo,
entre hipócritas y falsos que presumen con sus máscaras de amigos
porque no sienten verguenza de sus miseras acciones.

Veo un largo corredor lleno de camas de enfermo
y una monja agazapada que me invita hacia el final
con sus manos arrugadas,
burlandose de mi mal
mientras las sombras me empujan al interior de ese infierno.
Más abajo un cementerio donde, cobrando la entrada,
un sacerdote burlón
vende falsas bendiciones a los dueños de los muertos...
Dáme salud, oh Señor,
que mi mente se extravia en insolitos desiertos
y quizá ya estoy perdiendo poco a poco la razón!

193

Receta Equivocada

"...y de ahora en adelante" - dijo el médico al paciente—
"lleve una vida tranquila, lleve una vida agradable,
evite fiestas sociales, evítese las reuniones,
apártese del tabaco y rechace los licores,
vaya a un lugar solitario para que esquive a la gente
y no salga con mujeres, evite que se le hable,
aléjese de la novia, no experimente emociones
y verá que pronto acaban sus males y sus dolores".

"Gracias doctor, muchas gracias" - dijo el enfermo aturdido—
"Pero me asegura usted que con este tratamiento,
siguiendo al pié de la letra todas esas prohibiciones
tendré una vida tranquila? Tendré una vida agradable?
Porque si así es el asunto, mi amable doctor querido,
déjeme con mis dolores y con todo lo que siento,
deje que desobedezca sus tan sabias instrucciones
para continuar viviendo mi vida tan miserable!"

Una Noche Común y Corriente

Esta es una noche común y corriente,
con su brisa tibia que se torna fría
empujada a veces por rabiosos vientos
que cruzan silbando
presurosamente
como si quisieran alcanzar el día,
sin destino alguno,
por entre palmeras que humildes doblegan
sus ramas llorando.
Y hay también estrellas, como en toda noche,
las mismas estrellas,
en sus mismos sitios apostadas siempre,
haciendo las mismas viejas formaciones
otrora tan bellas.
Hay otras que viajan haciendo derroche
de pálidas luces,
sin saber a dónde, como aventureras
de ignotas regiones
do van a burlarse de los que confían
sus caros deseos a su luz viajera.
Es la noche clara,
mas, es una noche común y corriente,
con la misma luna que se ve hoy pálida
y llena de manchas
y cobarde, oculta entre nubes raras
su iimágen grotesca,
entre nubes raras que lentas desfilan incansablemente,
cual negros ejércitos de sombras escuálidas
que extrañas perfilan
contra el cielo negro macabras siluetas.

Se oyen quejidos de ranas vetustas,
como haciendo coros al absurdo canto
de los grillos tristes.
Del canal cercano
se escucha un concierto de mansas espumas
y los alaridos de rocas heridas
por golpes del agua que débil embiste.
Mas nada se oye...mas nada se siente...
todo se limita
a hacer esta noche común y corriente.
Pero algo esta noche ha unido recuerdos,
hay algo esta noche,
enemiga odiosa de un simple poema,
que invade mi mente,
esta noche sola que tan sólo penas
y angustias inspira,
algo que me hace mirar a la noche,
mirar fijamente,
y al lograr mis ojos penetrar sus sombras
encuentro los tuyos que fijos me miran
y oigo que la noche conmigo suspira...
conmigo te nombra...

Una Lágrima en el Lago

Hay un lago recóndido de un verdor cristalino
en los mismos confines de la vida y la mente,
donde el tiempo descansa,
donde siempre las horas su carrera detienen
y el pasado del mundo enamora al presente
y al futuro lo alcanzan
ilusiones y sueños dorados.
El un día se asomó en el lago divino,
en el lago tranquilo donde muere el pecado
y se enjuagan las manchas del alma,
donde el odio y el celo se consumen callados
y el amor y el perdón se acarician en calma.
Una lágrima suya vino a herir la esmeralda
de las aguas del lago
y formó tenues ondas al caer escapada;
el busco entre las ondas
la imágen amada,
pero vió que en las mismas ondas se alejaba,
se alejaba la cara bonita,
la sonrisa tan noble,
y las lágrimas dulces que brotaran sus ojos
que también se esfumaban,
la pureza de esa alma que escuchara sus cuitas,
las palabras todas,
frases de ternura que escuchara atento,
todo se borraba
y al crecer las ondas se desfiguraba
la imágen querida, momento a momento.

La quietud vino entonces y en las aguas tranquilas
una imágen quedó reflejada;
es la imágen amada,
pero luce distinta,
ya no brillan como antes sus divinas pupilas,
hay rencor en sus frases y una cierta amargura,
su sonrisa ha tornado egoísta,
no hay perdón en su alma, y de aquella dulzura
y de aquella nobleza,
hay facciones amargas que prodigan desprecio
y producen tristeza...
En el lago tranquilo donde muere el pecado
con la comunión de los seres que se aman,
en el lago escondido al confín de la mente
donde el odio y el celo se consumen callados
y el amor y el perdón se acarician en calma,
queda sólo una imágen ruda...indiferente...

Soneto IV

Una mujer, batida por el tedio
a imágenes de bulto les pedia
una boda cristiana, cual remedio
para su enmohecida solteria.

Creia de la iglesia en los mandatos
por lo cual, con absurda hipocrecia,
nombrando santos, virgenes y beatos
al deseo de su amante no accedia.

Aunque desnuda recibia sus besos
que ella correspondia intimamente
implorando al Señor, arrepentida.

Y una noche que su amante en loco acceso
desfloró su virtud salvajemente
pronuncio el nombre de Dios...agradecida.

Juguetes

La cajita de música llena de polvo,
ahogada en el olvido reina silente,
sus himnos anticuados
no se oyen como antes, cuando estridentes
a su compás marchaban los soldaditos
a caer en tus manos apretujados.
Un brillo en los ojitos,
en los ojitos negros que le partiste
al osito de felpa que está en tu lecho,
semeja la ternura de un llanto triste
porque ya no lo abrazas para dormirte
ni lo aprietas soñando contra tu pecho.
Es macabro el silencio de tus juguetes,
sombras de un mundo alegre y fascinante.
El triciclo oxidado
que se me antoja inherte, cual Rosinante,
escuálida y huesuda cabalgadura
sin el amo, pillete e hidalgo amado.
Es la cruel amargura
y el dolor de tu ausencia que deja huellas
en las siete caritas de los enanos,
de Pluto y de Miguelito, caritas bellas
que con Donald adornan tu cuarto hoy frío
sin la tibieza pura que dan tus manos.

Tu alazán de resortes parece exhausto
quizá por las jornadas que cabalgaste
a galope tendido
por tus mundos ingenuos y fascinantes
de vaqueros, de indios, heroes ficticios,
de quijotes pueriles, cids elusivos.
Hace falta el bullicio
candoroso y ufano de tus sonrisas,
el calor que transmites a tus amigos
los juguetes, que ahora visten cenizas,
un serrín de abandono, mientras regresas
para que estes con ellos...y estes conmigo.

Alas Deshechas

Por entre maderos negros y desnudos
del macabro bosque, la calima cubre
los rayos cobardes del sol que se esconde,
y ante la desgracia, impávidos, mudos,
respirando un aire con olor de azufre
aparecen buitres sin saber de dónde.

Entre los arbustos heridos, quemados,
hundidos a medias dentro del pantano,
hay hierros humeantes y latas torcidas
y miembros humanos medio calcinados,
manos amputadas que tratan en vano
de asirse a los brazos, de asirse a la vida.

Entre el barro liento de vómito y sangre
su cuerpo roblizo yace mutilado,
es sólo una mueca su joven sonrisa,
los buitres revuelan mirando con hambre
los sesos saltados del craneo aplastado,
sus ojos profundos que se hacen ceniza.

Las llamas que enmarcan el fétido infierno
calcinan su carne, troncan sus entrañas
y también devoran miles de ilusiones,
sus sueños de gloria, sus jóvenes sueños,
caras ambiciones, mejores mañanas
vuelan convertidas de humo en nubarrones.
Un humo verdoso que se eleva al cielo,
ese mismo cielo que tantas auroras
cruzara orgulloso con tal maestría,
sus alas deshechas yacen en el suelo
pingües de excremento, sangrantes ahora,
residuos inertes de su valentía.

Índice

www.ingramcontent.com/pod-product-compliance
Lightning Source LLC
Chambersburg PA
CBHW030306290526
45785CB00001B/235